AF509678

MEMOIRE

SUR LE PROVISOIRE:

POUR le Sieur BENAVEN.

CONTRE *M. le Maréchal Duc de Richelieu.*

LE sieur Benaven échappoit à peine à la persécu-
tion la plus inouie de la part d'un homme dont il
venoit d'améliorer la fortune ; (*) à peine triomphoit-

(*) Le Sieur Mirey, l'un des douze Marchands de Vin du Roi,
avoit pris à ferme pour dix-huit années des mines de charbon de
terre, situées à Roche-la-Moliere, près Saint-Étienne en Forêt.
Depuis quatre années qu'il étoit à la tête de cette entreprise, il avoit
perdu sur ce bail 150000 liv. Le Sieur Benaven, qu'il connoissoit
depuis quelques mois, lui parut être le seul homme en état d'em-
pêcher à l'avenir l'énormité de la perte, s'il ne parvenoit pas à rendre
cette affaire susceptible de bénéfice. Il n'y eut sorte d'instance que

A

il de cet opulent Adverſaire, le ſieur Mirey, qu'il s'eſt vû précipiter dans les fers, comme complice du crime de faux, dont M. le Maréchal Duc de

---

le Sieur Mirey ne fit au Sieur Benaven pour l'engager à ſe tranſporter ſur les lieux, & à l'aider de ſes connoiſſances & de ſes talens; il lui promit même un intérêt ſans fonds dans le produit de ces mines, s'il réuſſiſſoit à le bonifier. Le Sieur Benaven céda aux ſollicitations du Sieur Mirey. Il ſe rendit à Roche-la-Moliere, & par les ſuites de ſon travail, il parvint à aſſurer au Sieur Mirey un bénéfice annuel de 25 à 30000 liv. ſur ſon bail. Étant de retour à Paris, le Sieur Mirey lui redemanda toute ſa correſpondance, & éloigna ſous différens prétextes, la ceſſion de l'intérêt qu'il avoit promis; il fit plus, ſous le prétexte encore de quelques avances qu'il avoit faites au Sieur Benaven avant ſon départ, il l'accuſa d'eſcroquerie, & obtint, par le canal du Chevalier d'A . . . . ſon ami, une lettre de cachet pour le faire enfermer. Avant de mettre cet ordre à exécution, le Sieur Benaven eut la permiſſion de ſe juſtifier; la lettre de cachet fut retirée. Le Sieur Benaven rendit alors une plainte au criminel contre le Sieur Mirey. Celui-ci, pour éluder l'effet de cette plainte, obtint une autre lettre de cachet qui exiloit le Sieur Benaven dans la ville d'Agde. Le Sieur Benaven ſe retira à Londres. Le Sieur Mirey, qui le pourſuivoit par-tout, le fit arrêter & traduire dans les priſons en vertu d'un faux ſerment qu'il fit faire au nommé Dixon, Valet du Sieur Taaffe, Négociant Anglois. Après un an de détention, il a été mis en liberté, faute par Dixon d'avoir pû prouver la légitimité de ſa créance. La lettre d'exil a été révoquée ſur les repréſentations de M. le Procureur Général, & M. le Lieutenant Général de Police eut la bonté d'écrire au Sieur Benaven le 5 Dé-

Richelieu accuſe Madame la Préſidente de Saint Vincent

L a condamnation en dommages - intérêts que le ſieur Mirey a ſupportée, les défenſes de récidiver qui lui ont été faites ſuffiſoient ſans doute pour venger pleinement le ſieur Benaven ; mais le ſieur Mirey, dans la vue d'affoiblir l'éclat de cette réparation, ne craignit pas de diſtribuer clandeſtinement le jour même de l'Arrêt, un Mémoire où la calomnie la plus attroce ſe montre de toute part, ſans pudeur & ſans ménagement.

S i c'eſt d'après cet écrit ſcandaleux, que M. le Maréchal croit pouvoir apprécier le ſieur Benaven, on peut dire que M. le Maréchal ne le connoît pas encore. Quel eſt le Citoyen qui peut ſe flatter de n'être jamais diffamé, ſurtout, quand aux dépens de ſon honneur, on peut ſervir tout à la fois

---

cembre 1770, qu'il pouvoit revenir à Paris. De retour dans cette capitale, le Sieur Benaven a repris ſes pourſuites contre le Sieur Mirey. Malgré l'enquête & les informations que le Sieur Mirey a fait faire, comme il n'a pu prouver aucun fait qui pût porter préjudice à l'honneur & à la probité du Sieur Benaven, il a été condamné par un Arrêt du 4 Juin 1774, en 500 liv. de dommages & intérêts, avec défenſes de récidiver.

A ij

4

l'intérêt & la malignite ? Si M. le Maréchal de Richelieu avoit eu le malheur de rencontrer un Ad-
verfaire de la trempe du fieur Mirey , feroit-ce fur
des libelles qu'il faudroit juger le vainqueur de
Mahon , & M. le Maréchal n'auroit-il pas le droit
d'invoquer en fa faveur les fentimens qu'ont fait
naître à tous les François la valeur & l'héroifme de
fes actions?

LA juftice que M. le Maréchal demanderoit pour
lui-même , eft celle que le fieur Benaven implore à
fon tour ; quoiqu'il ait le bonheur de jouir de l'ef-
time & de l'amitié d'un grand nombre de perfonnes
de la premiere diftinction , il fent bien que ce n'eft
pas fur une confidération auffi étrangere à la caufe
qu'il s'agit de décider s'il mérite le traitement rigoureux qu'il éprouve aujourd'hui. Il va démontrer
par le récit naïf des faits , & le développement de
fes moyens , que dans aucun cas , il n'auroit dû être
l'objet de l'animadverfion de M. le Maréchal de
Richelieu.

L'ACCUSATION que M. le Maréchal de Richelieu intente à Madame de Saint Vincent, paroît
n'emprunter toute fa confiftance que du nom feul
de M. le Maréchal. Il n'eft pas facile de croire que
M. le Maréchal dont la générofité eft connue, ait

souffert que Madame de Saint Vincent, séparée de sa famille, réduite à une fortune médiocre, transferât successivement son domicile de Milhau à Tarbes, de Tarbes à Poitiers, de Poitiers à Paris, sans avoir intention de l'indemnifer des dépenfes que ces différens établiffemens pouvoient lui occafionner ; il ne l'eft pas davantage de penfer que Madame de Saint Vincent iffue d'une des plus anciennes & des plus illuftres maifons du Royaume, & unie par les liens du fang à M. le Maréchal de Richelieu, fe foit rendue coupable d'un faux, qui ne peut être tout au plus que le partage de ces ames baffes déja familiarifées avec le crime, & dont la cupidité compte pour rien le plus vil & le plus honteux de tous les délits.

Au furplus, que les billets contre lefquels M. le Maréchal reclame, foient vrais, ou que ces billets foient faux ; c'eft une queftion qui n'intéreffe en rien le fieur Benaven. La part qu'il a eû à la négociation de l'un d'eux, eft fi légere, & tellement marquée au coin de la bonne-foi, qu'il ne doit point appréhender que la Juftice lui en faffe un crime, ni qu'elle déploye contre lui la févérité dont M. le Maréchal de Richelieu lui a déja fait reffentir les coups par la voye de l'autorité.

6

FAITS.

L E fieur Benaven doit le jour à des parents hon-
nêtes, quoique le fieur Mirey paroiffe croire que
dans la Ville d'Agde *il n'y a prefque que des mariniers.*
Son pere avoit eû le bonheur de rendre quelques
fervices à feu M. le Maréchal de Belle-Ifle, lorfque dans fa jeuneffe, après la difgrace de M. le
Sur-Intendant, fon oncle, il s'étoit retiré dans cette
Ville.

Ces fervices furent le principe de la bienveillance
dont M. le Maréchal de Belle-ifle honora toujours
la famille du fieur Benaven. Il l'attira lui - même
auprès de fa perfonne en 1754, & ne ceffa de lui
accorder, jufqu'à fa mort, fa protection & fa confiance. M. le Maréchal de Belle-Ifle fe propofoit
d'en configner la preuve dans fes dernieres volontés,
lorfqu'une mort violente enleva ce grand homme
à la France, fans lui permettre d'exécuter fes in-
tentions, tant en faveur du fieur Benaven, que de
plufieurs autres perfonnes, qui avoient l'honneur
de lui être attachées depuis 30 à 40 ans.

Avant d'habiter Paris, le fieur Benaven faifoit le
commerce maritime par fpéculation. Les fervices

importans qu'il avoit rendus à fa patrie, dans des tems de difette, & qui font encore préfens à l'efprit de fes concitoyens, fixerent fur lui les regards de fa Province. Elle lui confia la Recette des impofitions Royales, pendant les années 1750 & & 1751, dont il s'acquitta à fa fatisfaction ; les fervices qu'il a rendus dans cette Capitale à différentes perfonnes, font en bien plus grand nombre : il eft vrai qu'il a eu le malheur de trouver quelquefois des ingrats ; mais il s'en eft confolé, par le plaifir fi pur qu'il y a toujours à faire le bien, fans s'inquiéter de la reconnoiffance.

C'est ce penchant à la bienfaifance qui a été jufqu'à préfent la caufe des malheurs du fieur Benaven. Il rencontroit, chez un ami commun, M. l'Abbé de Villeneuve Flayofc, neveu de Madame de Saint Vincent. M. l'Abbé de Villeneuve l'avoit fouvent engagé à faire la connoiffance de Madame fa tante ; & le fieur Benaven avoit toujours réfifté. Ce n'eft pas que les qualités aimables de Madame de Saint Vincent ne lui fuffent connues, mais une efpèce de preffentiment, ou plutôt le fouvenir récent des chagrins que lui avoient valu fes dernieres connoiffances, lui infpiroient de l'éloignement pour en faire de nouvelles. Enfin la fatalité de fon étoile l'emporta ; fa répugnance fut vaincue, dès que M. l'Abbé de Villeneuve lui eût appris qu'il pourroit rendre fervice à Madame de Saint Vincent, en s'employant au Bureau de la Guerre, pour le fieur de Vedel, Major du Régiment Dauphin, auquel elle prenoit intérêt.

Il eût donc l'honneur d'être préfenté à cette Dame par M. l'Abbé de Villeneuve, fur la fin d'Avril, ou dans les premiers jours de Mai dernier. Madame de Saint Vincent lui fit part des démarches qu'il pouvoit faire pour accélérer l'obtention des graces que le fieur de Vedel efpéroit de la Cour, & lui permit de la venir voir quelquefois.

Ces faits ne font point ignorés de M. le Maréchal de Richelieu. Comme il prenoit au fieur de Vedel un intérêt égal à celui de Madame de Saint Vincent, il fut bien aife d'apprendre les follicitations dont le fieur Benaven fe chargeoit ; M. le Maréchal l'autorifa même à les faire en fon nom, par une lettre qui eft annexée au Procès.

Le fieur Benaven avoit l'honneur de rendre compte de fes démarches, tant à M. le Maréchal de Richelieu, qu'à Madame de Saint Vincent. Le fuccès

dont

dont quelques-unes d'elles avoient été fuivies, encouragea la confiance de celle-ci. Elle crut pouvoir s'ouvrir au fieur Benaven, fur le befoin preffant où elle fe trouvoit, & le défir qu'elle avoit de placer un billet de 25000 livres, foufcrit en fa faveur par M. le Maréchal, pour faire face à quelques engagemens.

Le fieur Benaven répondit à Madame de Saint Vincent, qu'il ne pouvoit pas lui être d'une grande utilité, ne fe mêlant point de ces fortes d'affaires ; mais que s'il trouvoit quelqu'un qui pût s'en charger, il le lui adrefferoit bien volontiers.

Le hazard amena, deux jours après, chez lui, le fieur Roland, Courtier de Change. Le fieur Benaven lui parla de la négociation de ce billet, & lui demanda s'il vouloit s'en mêler. Le fieur Roland accepta la propofition ; il en parla au fieur Rubit l'ainé, Marchand Fripier aux piliers des halles, qui confentit à prendre le billet, en donnant pour fa valeur, une partie en argent, & le furplus en marchandifes.

Avant de rien confommer, Rubit voulut s'affurer fi la fignature étoit véritablement celle de M.

le Maréchal de Richelieu. Cette précaution n'avoit rien d'offenfant pour Madame de Saint Vincent. Elle confentit à la vérification que Rubit exigeoit ; en conféquence elle remit le billet au fieur de Vedel qui alla avec Rubit, le fieur Roland & le fieur Benaven, chez M^e. Dumoulin, Notaire de M. le Maréchal : Me Dumoulin affura que la fignature étoit celle de M. le Maréchal. Rubit fut la préfenter encore au fieur Marion, Intendant de M. le Maréchal, qui lui confirma ce que M^e. Dumoulin lui avoit déjà dit.

Rubit, tranquillifé fur la fignature, délivra au fieur de Vedel, 6000 livres en argent, & le furplus en marchandifes. Le fieur de Vedel chargea M^e. Chariot, Huiffier Prifeur, de la vente de ces marchandifes. M^e. Chariot les vendit au nom du fieur de Vedel, il lui en remit le prix, & s'en fit donner quittance ; de forte que ni la valeur du billet, ni le billet lui-même n'ont jamais paffé entre les mains du fieur Benaven.

Ces premiers fonds ne fuffirent pas à Madame de Saint Vincent : elle voulut, un mois après, placer encore deux autres billets, montant enfemble à 55000 livres. Rubit s'en chargea. Madame de Saint Vincent les lui donna elle-même. Rubit fournit, pour valeur, encore partie en argent, & le reſte en marchandiſes. Madame de Saint Vincent reçut l'argent ; les marchandiſes furent livrées au même Huiſſier Priſeur, & au ſieur Villercy, Mar·chand Bijoutier, rue Saint-Honoré, pour réparer celles qui étoient de ſon art, & les vendre enſuite plus avantageuſement. Toute la part que le ſieur Benaven a eu à cette derniere négociation, c'eſt d'avoir prêté ſon nom à la vente des marchandiſes, d'en avoir reçu le prix, & de l'avoir remis à Madame de Saint Vincent.

Il faut obſerver *ici*, premierement, que dès le mois de Novembre 1773, Madame de Saint Vincent avoit placé, par l'entremiſe de l'Abbé Froment, Chapelain du Couvent de la Miſéricorde, où elle demeuroit alors, & de Mᵉ. Gueſpréau, Notaire, un billet de 60000 livres de M. le Maréchal, auprès du ſieur de Préville, Caiſſier Général des Poudres & Salpêtres ; le ſieur de Préville, avant d'en fournir la valeur, fut vérifier la ſignature chez Mᵉ. Dumoulin qui la reconnut pour être celle de M. le Maréchal, & ajouta au ſieur de Préville, qu'effectivement à l'é-chéance du billet dont il étoit queſtion, M. le Maréchal attendoit un rembourſement de pareille ſomme, qu'il devoit recevoir pour lui. M. le Ma-

réchal n'a point acquitté ce billet ; le sieur de Préville l'a fait assigner au Châtelet, le 17 Mai de cette
année, tems où M. le Maréchal étoit encore à Paris ;
de maniere que, quoique M. le Maréchal n'ait rendu
plainte en faux principal des billets qui couroient de
lui sur la place, que le 27 Juillet dernier, il est
cependant avéré, que dès le mois de Mai, il avoit
connoissance de celui de 60000 livres que Madame
de Saint Vincent avoit négocié sur la fin de l'année
précédente.

SECONDEMENT, que le nommé Dufour, ayant
été chargé de négocier un autre billet de 40000 l. *
aussi de M. le Maréchal, & s'étant rendu chez
Robert, Maître Coutelier, sous les voutes du Palais
Royal, où se trouva le sieur Sube, Contrôleur
de la maison de M. le Maréchal, que Robert avoit
fait avertir, le sieur Sube & Dufour se retirerent

(*) Ce dernier billet n'a point été négocié. Madame de Saint
Vincent n'a placé en tout que quatre billets de M. le Maréchal, l'un
de 60000 liv. auprès du sieur de Préville, & trois autres de 80000 liv.
au total auprès de Rubit. Elle a reçu pour raison de ces 140000 liv.
tant en argent, rescriptions, que marchandises, environ 80000 liv.
Ayant perdu sur ces premiers billets plus de 60000 livres, il ne
doit pas paroître étonnant qu'elle chercha à en négocier d'autres pour
remplacer ce *deficit*, & completter la somme dont elle avoit besoin.

enfemblé au jardin du Palais Royal , pour examiner le billet dont Dufour étoit porteur ; Dufour préfenta le billet au fieur Sube ; celui-ci tira de fa poche de l'écriture de M. le Maréchal , & y compara le *bon pour* , & la fignature du billet ; il conv nt avec Dufour que les deux écritures étoient conformes , & que la fignature étoit réellement de la main de M. le Maréchal.

QUEL fût donc l'étonnement du fieur Benaven , lorfqu'il apprit , le 17 Juillet , que le fieur Marion , Intendant de M. le Maréchal de Richelieu , faifoit des perquifitions fur ces billets , & qu'il prétendoit qu'ils étoient faux. Madame de Saint Vincent , à laquelle il en rendit compte , le pria de fe rendre fur le champ auprès du fieur Marion , de lui affurer que les billets qui avoient été négociés , étoient de M. le Maréchal , & de lui offrir , au cas qu'on foupçonnât qu'il y eût quelques billets faux fur la place , de fe joindre à lui pour l'aider à les découvrir.

LE fieur Marion reçut froidement cette marque de zele de la part de Madame de Saint Vincent. Il répondit au fieur Benaven qu'il avoit chargé un Infpecteur de Police , de cette perquifition , & en même tems qu'il s'écartoit auffi directement des in-tentions de fon maître , il communiqua au fieur

Benaven une lettre de M. le Maréchal, par laquelle il chargeoit le fieur Marion de découvrir les perfonnes qui pouvoient avoir de ces billets, en lui recommandant expreffément de ne point faire d'éclat.

L E fieur Benaven rapporta à Madame de Saint Vincent fa converfation avec le fieur Marion ; il lui confeilla d'envoyer dès le lendemain le fieur de Vedel chez M. de Sartine, alors Lieutenant-Général de Police, pour l'inftruire de tout ce qui avoit rapport aux billets de M. le Maréchal de Richelieu.

L E fieur de Vedel fe rendit chez ce Magiftrat le 18, le 19, il y retourna avec Madame de Saint Vincent & le fieur Benaven. Ils y porterent les billets de M. le Maréchal, & les lettres qui accompagnoient l'envoi qu'il en avoit fait par fes propres domeftiques à Madame de Saint Vincent. On les examina, on les difcuta en préfence de M. de Leffart, Maître des Requêtes, qui agiffoit au nom de M. le Maréchal de Richelieu.

L E 21, le fieur Benaven fe rendit encore de fon propre mouvement chez M. de Sartine, pour lui témoigner la peine de Madame de Saint Vincent fur les bruits injurieux que l'on répandoit contre elle, & le deffein où elle étoit de rendre plainte contre M. le Maréchal de Richelieu. Ce Magiſtrat, dont la prudence égale les lumieres, voulut être éclairci plus particulierement des circonſtances de toute cette affaire. Il demanda au ſieur Benaven un mémoire détaillé qui le mit à portée de découvrir la vérité qu'il cherchoit. Le ſieur Benaven ſatisfit aux ordres du Magiſtrat; le Samedi 23, il eut l'honneur de lui remettre ce mémoire en préſence de M. l'Abbé de Villeneuve, & du ſieur de Vedel. Il lui repréſenta encore les originaux des billets & des lettres de M. le Maréchal; mais comme ce jour étoit deſtiné à l'audience publique du Magiſtrat, M. de Sartine n'eut pas le loiſir de ſe livrer au nouvel examen que le ſieur Benaven demandoit; il retint ſeulement les copies de ces lettres & billets, & il promit que dans l'un des jours de la ſemaine ſuivante, il indiqueroit un rendez-vous particulier pour traiter encore cette affaire.

Le ſieur Benaven attendoit avec confiance l'exécution des promeſſes de M. de Sartine, lorſque le Lundi, 25 Juillet, à huit heures du matin, il fut enlevé de chez lui, & traîné dans l'un des cachots de la Baſtille. Il y eſt reſté ſix jours entiers, ſans pouvoir ni lire ni écrire, ni même reſpirer le moindre air. Enfin après vingt-ſix jours de captivité dans cette prifon, il a été transféré au Fort-l'Evêque, en vertu du décret de prife de corps obtenu contre lui par M. le Maréchal de Richelieu.

Le fieur Benaven eft bien éloigné d'imputer à M. de Sartine l'injuftice de cette premiere perfécution ; la religion de ce Magiftrat a pu être furprife, fon cœur ne fera jamais accufé. Mais M. le Maréchal de Richelieu feroit-il fans reproche fur la précipitation de fes pourfuites ? & les Juges qui les ont favorifées par le décret dont le fieur Benaven a été frappé, trouveront-ils dans nos Loix quelques prétextes qui puiffent faire excufer leur conduite ?

C'est de ce décret de prife de corps décerné *aux rifques, périls & fortunes* de M. le Maréchal, dont le fieur Benaven s'eft rendu appellant. Les informations qui ont dû le précéder, & qui confirmeront fans doute la vérité des faits que l'on vient de décrire, font au Greffe de la Cour. La liberté provifoire que le fieur Benaven demande, ne peut fouffrir de difficulté ; on va l'établir en préfentant fommairement fes moyens.

MOYENS.

MOYENS.

Tous les Auteurs définissent le crime. « Un acte
» défendu par la Loi par lequel on caufe du pré-
» judice à un tiers par fon dol ou par fa faute : *Fac-*
» *tum jure prohibitum, quo quis dolo vel culpâ facien-*
» *tis læditur* » : tous s'accordent également à dire,
» que celui qui fait quelque chofe qui n'eft pas
» prohibé, ne mérite aucune peine : *Quod lege per-*
» *mittente fit, pœnam non meretur* ». Voilà les premiers axiomes du droit criminel, & les principes
d'après lefquels il faut juger le fieur Benaven.

Le fieur Benaven feroit coupable de dol & de
faute, s'il avoit coopéré à la fabrication des billets
prétendus faux ; il en feroit également coupable, fi
au moment de leur négociation, il avoit fçu qu'ils
étoient faux.

Avant de ravir la liberté au Sr. Benaven, le premier pas que M. le Maréchal de Richelieu avoit à
faire, étoit donc de prouver que le fieur Benaven
avoit eu part à la fabrication des billets, ou du moins
qu'il ne l'ignoroit pas, lorfque Madame de Saint
Vincent le pria de les négocier. M. le Maréchal eft
bien éloigné de cette preuve, & les informations

C

qu'il a fait faire ne répandront, ſi les Témoins ſont ſinceres, aucune lumiere ſur l'un ou l'autre de ces faits. Leur ſilence ſeroit déja du plus grand avantage au ſieur Benaven ; mais ſa bonne-foi paroît toute entiere quand on fait attention qu'il doit être prouvé au Procès, 1°. que dès les premiers jours de Novembre 1773, Madame de Saint Vincent avoit entre ſes mains les billets de M. le Maréchal de Richelieu, & que ces billets lui avoient été apportés, accompagnés d'une lettre, par Saint Jean, l'un des Laquais de M. le Maréchal ; 2°. que l'ouverture du paquet ſe fit en préſence de l'Abbé Froment, & du ſieur de Vedel, qui tous deux étoient alors auprès de Madame de Saint Vincent ; 3°. que ce ne fût que parce que l'Abbé Froment avoit une certitude morale que ces billets étoient de M. le Maréchal, qu'il conſentit à employer ſes amis pour en placer un de 60000 livres : certitude encore confirmée par le diſcours que tint M^e. Dumoulin au ſieur de Préville, quand celui-ci lui préſenta ce billet avant d'en remettre la valeur.

La connoiſſance que le ſieur Benaven avoit de ces différentes particularités, devoit diſſiper ſes craintes ſur le ſervice que Madame de Saint Vincent exigeoit de lui. Mais ſa ſécurité dût s'accroître bien

davantage, lorſqu'en ſa préſence, & en celle du Sʳ.
de Vedel, Mᶜ. Dumoulin aſſura Rubit, que la ſignature du billet de 25000 liv. étoit de M. le Maréchal.

CEPENDANT ſuppoſons les billets faux, & que
l'accuſation de M. le Maréchal de Richelieu ſoit fon-
dée, on ne voit rien encore dans la conduite du
ſieur Benaven qui puiſſe faire ſuſpecter ſa bonne-foi.

ON ne peut pas l'accuſer d'être l'un des auteurs
du faux, puiſque c'eſt une vérité qu'il n'a connu
Madame de Saint Vincent que ſur la fin d'Avril, ou
au commencement de Mai dernier. Prétendra-t-on
que Madame de Saint Vincent a pu lui faire quelque
confidence à cet égard? Cette prétention ſeroit ab-
ſurde. On doit ſentir que ſi Madame de S. Vincent
eût commis la faute que M. le Maréchal lui reproche,
la honte ſeule auroit ſuffi pour arrêter ſur ſes levres
un aveu qui pouvoit la trahir; elle avoit tant d'intérêt à enſevelir ce crime, qu'il n'eſt pas à préſumer
qu'elle en eût fait part au ſieur Benaven qu'elle con-
noiſſoit à peine; au contraire, ſi le ſieur Benaven
eût eu des ſoupçons, Madame de S. Vincent les auroit diſſipés, elle l'auroit tranquilliſé ſur la ſincérité
des billets, puiſque c'étoit de lui dont elle vouloit
ſe ſervir pour les mettre à profit. Voilà la ſeule mar-
che que Madame de S. Vincent avoit à tenir, &

celle qu'elle auroit certainement tenue vis-à-vis le fieur Benaven. En prenant une route oppofée , Madame de S. Vincent manquoit à toutes les regles de la prudence, & fe compromettoit fans fuccès, parce que le fieur Benaven n'auroit pas été affez extravagant pour fe rendre le complice d'un crime capital , par un fervice tellement gratuit de fa part, que Madame de S. Vincent reconnoît elle-même qu'il n'a jamais prétendu le moindre intérêt.

Que Madame de S. Vincent nous pardonne la néceffité où nous avons été d'établir cette fuppofition ; elle ne doit pas l'allarmer. Indépendamment des preuves que Madame de S. Vincent a en fa faveur, le récit qu'elle fait de la caufe des billets , & de la maniere dont ils lui font parvenus, eft fi naturel & fi vraifemblable , que quelque confiance que mérite d'ailleurs M. le Maréchal de Richelieu, il n'eft pas poffible d'admettre férieufement fon accufation.

Alors fur quel fondement le fieur Benaven a-t-il donc été décreté ? fur les fimples foupçons de M. le Maréchal.

M. le Maréchal a préfenté le fieur Benaven à la Juftice, comme ayant une connoiffance parfaite de la prétendue fauffeté des billets dont il eft queftion , & pour l'établir affirmativement, M. le Maréchal n'a pas manqué de se prévaloir d'une lettre trouvée dans les papiers du sieur Benaven, par laquelle Madame de S. Vincent lui annonçoit, à ce que l'on dit, que tout étoit découvert, qu'elle étoit perdue, & qu'elle vouloit fuir.

Il est certain qu'au premier coup-d'œil, cette lettre paroît faire une forte présomption contre le sieur Benaven ; mais quand on entre dans l'explication du fait qui y a donné lieu, on voit que les frayeurs de Madame de S. Vincent ont bien moins pour objet le délit qu'on lui suppose, que la crainte d'avoir encourue la disgrace de M. le Maréchal qui éloit alors son unique appui.

En effet M. le Maréchal avoit défendu à Madame de S. Vincent, par la lettre qui contenoit l'envoi des billets, *d'en vendre aucun avant un an*, & Madame de S. Vincent le lui avoit promis. Le besoin la contraignit bientôt de manquer à sa parole ; mais il ne la calma point sur les suites que pouvoit avoir sa désobeissance à cet ordre absolu. Delà, la nécessité du secret que Madame de S. Vincent exigeoit à chaque négociation, & les appréhensions continuelles où elle étoit, qu'elles ne parvinssent à la connoissance de M. le Maréchal de Richelieu avant le délai convenu. La négociation confiée à Dufour devient publique par la multitude de Courtiers qu'il fait agir; M. le Maréchal en eſt inſtruit, & Madame de Saint Vincent effrayée, employe ſans choix les premieres expreſſions que ſon imagination troublée lui fournit: mais tiendra-t-elle le même langage lorſqu'elle ſait que ce n'eſt plus cette parole violée qui irrite M. le Maréchal, mais un délit grave qu'il pourſuit? Non, raſſurée par ſon innocence, elle reprend cette noble fermeté qui n'auroit jamais dû l'abandonner; elle écrit à M. le Maréchal, & l'accable des plus vifs reproches ſur l'injuſtice de ſon procédé, & loin de redouter déſormais ni ſon crédit, ni ſes pourſuites, elle l'attend à Paris, & ſemble même aller au-devant de ſes coups, en ſe préſentant avec le ſieur Benaven & le ſieur de Vedel, au Magiſtrat de la Police dont M. le Maréchal avoit déja imploré le ſecours.

Cette lettre n'a donc pu autoriſer le décret décerné contre le ſieur Benaven; elle a bien moins pû encore s'oppoſer à la liberté proviſoire qu'il avoit demandé, ſurtout d'après l'explication dans laquelle lui & Madame de Saint Vincent ſont entrés, lors des interrogatoires que leur a fait ſubir M. le Lieutenant-Criminel.

La premiere obligation que l'Ordonnance preſcrit aux Juges, dans le titre des décrets & de leur exécution, c'eſt d'examiner avec ſoin *la qualité des crimes, celles des preuves, & des perſonnes*, avant de pouvoir ordonner ſi l'accuſé ſera aſſigné pour être oui, ajourné à comparoir en perſonne, ou pris au corps.

Dans le décret lancé contre le ſieur Benaven, on ne voit aucune trace de l'examen que l'Ordonnance exige.

De quel genre de crime le ſieur Benaven pouvoit-il être réputé coupable? De s'être immiſcé dans la négociation des billets de M. le Maréchal de Richelieu ; mais ſi ces billets ſont vrais, où eſt ſa faute? S'ils ſont faux, & qu'il n'en ait pas eu connoiſſance, ainſi qu'on l'a démontré, où eſt encore ſa faute? Il n'y a, dans tout cela, que de ſimples ſervices d'amis, que de bons offices qui ne ſont point prohibés par la loi.

Quelques volumineuſes que ſoient les informations que M. le Maréchal de Richelieu a fait faire, il eſt impoſſible qu'elles adminiſtrent aucune preuve qui puiſſe porter atteinte à la bonne foi du ſieur Benaven. C'en étoit donc aſſez pour mettre M. le Lieutenant Criminel en garde contre le décret qui lui étoit demandé, & ce Magiſtrat ne devoit voir dans la perfonne du Sieur Benaven, qu'un témoin qu'il étoit peut-être important de faire entendre, & non un accufé qu'il falloit décreter.

M. le Lieutenant Criminel devoit naturellement penfer ainfi d'après l'art. 9 du tit. 19 de la même Ordonnance, qui prohibe tout décret de prife de corps contre les domiciliés, fi ce n'eft pour crime qui doive être puni de peine afflictive ou infamante.

La difpofition de cet article n'a rien d'arbitraire, & la Religion du Juge ne peut pas être raffurée, parce qu'il n'aura accordé le décrêt *qu'aux rifques périls & fortune* de la Partie civile.

Ou il y a lieu de décreter, & c'eft alors au Juge feul que le Légiflateur fe confie, ou bien il n'y a pas lieu au décrêt, & dans ce cas tous les efforts de la Partie Civile doivent être fuperflus.

Mais comment le Juge peut-il décider fi le délit confié à fa pourfuite mérite cet acte rigoureux ou ne le mérite pas ? Par les informations, par les charges qui réfultent de la dépofition des témoins, par la fidélité des dépofitions, par la confiance due aux témoins, par l'accord qui régne entre eux, par la nature du délit, par la qualité des accufés. Si M.

le

e Lieutenant Criminel a pesé toutes ces circonstan-
ces, s'il les a examiné avec la prudence & la circonf-
pection dont il eſt capable, quel réſultat auront-
elles pu produire ? Il aura bien vû que le ſieur Benaven s'étoit employé, autant qu'il le pouvoit, pour
rendre ſervice à Madame de Saint Vincent ; mais
en même temps que ce ſervice ne pouvoit point
compromettre le ſieur Benaven, & qu'il étoit impof-
ſible qu'il donnât jamais lieu à prononcer une peine
afflictive ou infamante contre lui.

IL ſuit donc de cette conféquence que le décrêt
de priſe de corps ne pouvoit pas avoir lieu, qu'il
a été décerné par une contravention formelle à
l'article 9 du titre 19 de l'Ordonnance de 1670,
& que la liberté proviſoire que le ſieur Benaven
demande, ne peut ſouffrir de difficulté.

SI l'injuſtice de ce décrêt a du faire naître au
ſieur Benaven l'eſpérance de le voir bien-tôt infirmer,
l'hommage qu'il doit aux lumieres & à l'intégrité
de l'auguſte Tribunal qui va prononcer ſur ſon ſort
augmente encore cet eſpoir ; ſon ame, que tant de
perſécutions avoient flétrie, a peine à contenir les
tranſports de ſa joie, quand il penſe que c'eſt en-

fin à ces Magiftrats , fi chers à la Nation , & fi dignes de la confiance du Monarque , qu'il va devoir le plus précieux , le premier bien dont puiffe jouir un citoyen ; celui de la liberté.

Monfieur   *Rapporteur.*

M^e. MILLET DE GRAVELLE, Avocat.

AUGIER, Procureur.

De l'Impr. de Cl. S I M O N, Imprimeur de LL. AA. SS. Meffeigneurs le Prince DE CONDÉ & le Duc DE BOURBON , & de Monfeigneur l'Archevêque. 1774.